Isoisän Aarne Pikkaraisen (1916-1940) muistolle
Suomen itsenäisyyden juhlavuonna 2017

Varvara Schantin

Kadettikoulunkadun teräsmummu

© 2023 Lena Pikkarainen

2. painos

Kustantaja: BoD – Books on Demand, Helsinki, Suomi

Valmistaja: BoD – Books on Demand, Norderstedt, Saksa

Ulkoasu: Lena Pikkarainen
Kannen kuva: pixabay
de-fi-kontakt@outlook.com

ISBN: 978-952-80-5046-9

Sisällysluettelo

I – Johdanto

Puolustusvoimiin liittyvien muistomerkkien joukossa Varvara-patsas on harvinaislaatuinen. Muistomerkin kohde jäi monen Haminassa 1920-30-luvuilla asepalveluksensa suorittaneen varusmiehen mieleen. Aloite patsaan hankkimiseksi saikin alkunsa entisiltä upseerioppilailta, jotka perustivat hankkeen vauhdittamiseksi patsastoimikunnan.

Patsaan paljastustilaisuus herätti mielenkiintoa ympäri maata, ja juhlavan tilaisuuden aikoihin aiheesta kirjoitettiin lehtiin. Kirjallisia merkintöjä Varvara Schantinista löytyy niukasti. Suullinen aikalaistieto pienestä, sirosta naisesta, joka seisoi kärryineen Kadettikoulunkadun ja Pikkuympyräkadun seutuvilla, on peräisin 1990-luvulla tallentamistani haastatteluista. Paikkakuntalaiset kertoivat henkilökohtaisesti kokemuksistaan ja muistikuvistaan katukuvasta tutuksi tulleesta Varvarasta.

Koska muistomerkki on hyvin paikkaan sidottu, lähdin tekstissä vuonna 2017 liikkeelle selvittämällä ensin, mitä kaikkea löytyy käytännössä reilun puolen kilometrin katuosuudelta. Suomen sota- ja sotilashistorian käänteitä tuon tarkentaen esille siltä osin, mitä silloin nousi esiin aiheeseen ja asiayhteyteen liittyen. Taustatietojen jälkeen kuvailen Varvaraa ja kerron teoksesta sekä kuvataiteilija Haukkavaarasta.

Näkymä raatihuoneelle Kadettikoulun- ja Pikkuympyräkadun kulmauksesta, 1895-1902. Museovirasto. Historian kuvakokoelma.

II – Kadettikoulunkatu

Kadut erkanevat Haminan (per. 1653) raatihuoneen (J. Brockmann, 1798) torilta säteittäin. Yksi näistä kahdeksasta kadusta on Kadettikoulunkatu. Kadun varrella on rakennuksia ja muistomerkkejä, jotka liittyvät puolustusvoimiin, valtioiden välisiin suhteisiin, hallintoon ja uskontoon.

Kadun alkupäässä sijaitsee Pyhien apostolien Pietarin ja Paavalin ortodoksinen kirkko (L. Visconti, 1837). Toisella puolella katua on Kaupunginmuseo. Museo toimii kivitalossa, jossa keisarinna Katariina II ja kuningas Kustaa III kävivät rauhanneuvotteluitaan vuonna 1783. Neuvottelut liittyvät Kustaa III:n mukaan nimettyyn sotaan, joka syttyi Ruotsin ja Venäjän välille vuonna 1788. Ruotsin ja Venäjän raja kulki tuona aikana Kymijokea pitkin Pyhtään pitäjän halki. Tuhoisat Ruotsinsalmen meritaistelut taisteltiin nykyisen Kotkan kaupungin (per. 1879) edustalla vuosina 1789 ja 1790.

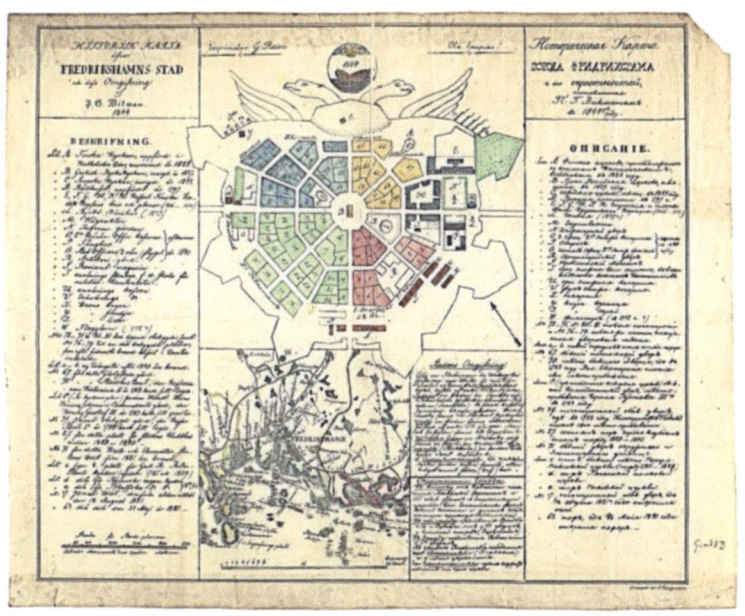

Haminan kartta, 1844. P.G. Wikman. Museovirasto.
Historian kuvakokoelma.

Ruotsalaiset ja venäläiset tapasivat uudemman kerran Raatihuoneentorin liepeillä komendantin virka-asunnossa vuonna 1809. Tapaamista oli edeltänyt Suomen sota 1808-1809. Tapaamisen aikana solmittiin Haminan rauha, jossa Ruotsin kuningaskunta, joka oli alkanut vakiinnuttaa valta-asemaansa Suomen maaperällä 1200-luvulla, menetti koko Suomen eli loputkin silloisista itäisistä lääneistään Venäjän keisarikunnalle.

Hamina oli kuulunut vuodesta 1743 lähtien, Uudenkaupungin (1721) ja Turun (1743) rauhansopimusten jäljiltä, niin kutsuttuun Vanhaan Suomeen (1721-1812). Kaupungista oli siten tullut Venäjän läntisin kaupunki ja yksi Viipurin kuvernementin kaupungeista. Viipurin kuvernementti liitettiin vuonna 1812 osaksi Suomen suuriruhtinaskuntaa (1809-1917), ja Vanhan Suomen alueesta tuli Viipurin lääni.

**Keisarinna Katariina II, 1783.
J. Snack. Museoviraston kuva-
kokoelma.**

**Kuningas Kustaa III, 1783.
I.F. de Goez. Historian ku-
vakokoelma.**

Kadettikoulunkadun ja Pikkuympyräkadun risteyksessä sijaitsevan puistikon takaa löytyvät kadettikoulun laboratoriorakennus (E.B. Lohrmann, 1851) ja ratsastustalli Maneesi (C.L. Engel, 1832), joka on muutettu juhla- ja konserttisaliksi. Maneesin viereen rakennettiin kadettikoulun päärakennus, joka on nykyään reserviupseerikoulun päärakennuksena (J. Ahrenberg, 1898). Päärakennuksen edessä on juhlatilaisuuksien näyttämönä toimiva hiekkapäällysteinen kenttä. Kentän rajalle on pystytetty Kalervo Kallion vuonna 1957 veistämä kahta sotilasta esittävä Kaatuneiden upseerien muistopatsas. Muistomerkin punagraniittiseen jalustaan on kätketty sodissa vuosina 1939-45 kuolleiden upseerien nimet.

Keisarillisen Suomen Kadettikoulun hallinto- ja juhlarakennus sijaitsi kadun vastakkaisella puolella. Vuonna 1875 silloiselle Nikolainkadulle juhlatilaisuuksia varten rakennettua taloa kutsuttiin myös nimellä "Solennitetshus". Koristeellisen rakennuksen Keisarinsalin seinällä komeili saksalaisen taidemaalari B. Reinholdin maalaama teos Aleksanteri II Nikolajevitšista, joka oli pukeutunut Suomen kaartin univormuun.

Talvisodan (1939-40) aikana pommituksissa pahoin vaurioituneen hallinto- ja juhlarakennuksen tilalle laadittiin puolustusministeriön rakennusosastolla uusi rakennussuunnitelma. Paikalle valmistui vuonna 1955 armeijan ruokala, joka muutettiin seuraavalla vuosikymmenellä sotilaskodiksi. Keskussotilaskotina toiminut rakennus sijaitsee Kadettikoulunkadun ja Isoympyräkadun kulmauksessa, jossa sijaitsee myös sodissa hyvin säilynyt, yksityiskohdiltaan rikas tiilirakennus (A. Decker 1863). Tämä entinen kadettikoulun johtajan virka-asunto on palvellut upseerikerhona sekä ravintolana.

Hallinto- ja juhlarakennus, rak. v. 1875. Keisarinsali. Museo-
virasto. Historian kuvakokoelma.

Keskussotilaskoti. Rakennettu RUK:n ruokalaksi, rak. v. 1955.
L. Pikkarainen, 2023.

Sotilaskotirakennuksen portinpielessä seisoo pieni pyöreä ortodoksikappeli vuodelta 1837. Muutama metri kappelin editse on kohta, jossa oli Viipurin portti. Portin viereisellä vallilla oli päävahdin (Corpus de guarde) asemapaikka. Aluetta kutsutaan Josafatin laaksoksi, ja tässä kohdin Kadettikoulunkadusta haarautuu Laurinkatu. Katujen risteyskohdassa sijaitsee kolmionmuotoinen linnoitussarvi, jonka yhdellä kärjellä puiden ympäröimällä aukiolla Varvaran muistoksi tehty teräksinen hahmo ojentaa ohikulkijoille leipää.

Nikolainkatu, 1890-l. Vas. hallinto- ja juhlarakennus, jonka edessä ortodoksikappeli. Museovirasto. Historian kuvakokoelma.

Katu jatkuu lehmusten reunustamana. Kadun varrelta löytyvät vielä "pikkusotkuksi" kutsutusta sotilaskodista RUK-museoksi muutettu rakennus sekä Kadettikoulunkadun ja Erottajankadun kulmauksesta venäläistyyliset kasarmirakennukset. Kuljettaessa rakennusten ohi kohti entistä Esikaupunginkadun risteystä saattoi kuulla taidokkaasti soitettua sotilasmusiikkia sekoittuneena aliupseerikerhon puheensorinaan. Haastatellut kertoivat myös synkempiä tapahtumia kasarmialueella kansalaissodan (1918) aikana tehdyistä teloituksista. Rakennuksien tiloissa on tätä nykyä Rauhanturvaamisen ja veteraanityön perinnekeskus (per. 2017). Kasarmirakennusten vieressä on sisäänkäynti varuskunta-alueelle. Kadun viereen on sijoitettu museoitu toisen maailmansodan (1939-1945) aikainen saksalaisvalmisteinen rynnäkkötykki StuG III.

Rynnäkkötykki StuG III, Hamina. Valmistus alkoi v. 1940. Suomen armeijan käytössä v. 1943-44. L. Pikkarainen, 2023.

III – Reserviupseerikoulu

Keisarillinen Suomen Kadettikoulu koulutti Haminassa sotilaita vuosina 1821-1903. Nykyinen Reserviupseerikoulu aloitti toimintansa vuonna 1920. Kadettikoulun myötä paikkakunnalle muuttanut upseeristo ja virkamiehistö korostivat oppineisuutta ja hienostuneita tapoja. Ammattisotilaat ja puolustusvoimien muut virkamiehet osallistuivat aktiivisesti kaupungin kunnalliselämään. Laaja-alainen opetus tapahtui pääosin ruotsin kielellä. Noin kolmesta tuhannesta kaupunkilaisesta oli vielä 1900-luvun alussa ruotsinkielisiä 18%, ja muutama prosentti asukkaista puhui äidinkielenään muuta kuin suomea tai ruotsia, useimmiten venäjää tai saksaa. Vuoteen 1920 mennessä ruotsinkielisten osuus oli laskenut viiteen prosenttiin.

Kadettikoulussa kuri oli kova ja opettajat korkeasti oppineita. Opetusaineita olivat mm. taktiikka, tykistö-, linnoitus- ja sotalaitosoppi, lait ja ohjesäännöt sekä ratsastus, miekkailu, matematiikka ja niin sanotut uudet kielet, kuten ranska ja englanti. Arvostetun Haminan kadettikoulun käyneillä upseereilla oli sotilaalliset uramahdollisuudet Venäjän keisarikunnassa.

Venäläistämispyrkimysten kiristyttyä 1800-luvun lopussa seurauksena oli autonomisen Suomen suuriruhtinaskunnan kansallisen sotaväen lakkauttaminen vuonna 1901. Suomessa ryhdyttiin kutsuntalakkoon. Sotamieheksi värväytymiseltä Venäjän armeijaan vältyttiin vasta sitten kun vastarinnasta maksettiin tuntuva korvaus. Kadettien koulutus päättyi vuonna 1903. Koulutuksen vaje alkoi pohjustaa jääkäriliikkeen syntyä.

Kadettiorkesteri 1884-85. Museovirasto. Historian kuva-
kokoelma.

Suomen itsenäisyyden (6.12.1917) alkuvuosikymmeninä ajat olivat muuttuneet, eikä armeijan ja kantahenkilökunnan suhteet olleet pienessä varuskuntakaupungissa ongelmattomia. Sotilaiden tavat olivat usein karkeita, ja sopeutumisvaikeudet purkautuivat kieltolaista (1919-1932) huolimatta runsaana alkoholinkäyttönä. Järjestyshäiriöiden vuoksi sotilaat saivat porttikieltoja paikallisiin huvitilaisuuksiin. Heiltä evättiin niin ikään pääsy kaupungin satama-alueelle, koska havaittiin viinan salakuljetusta.

Ensimmäisen maailmansodan (1914-1918) aikaisen pula-ajan puristuksessa sotaväen huolto oli myös suurissa vaikeuksissa. Siviiliväestö päätti ryhtyä toimenpiteisiin helpottaakseen asevelvollisten oloja. Vuonna 1918 perustettiin vaatimaton sotilaskoti, jossa kohtuuhintaisen tarjoilun lisäksi oli tilaisuus lukea sanomalehtiä ja kirjoja. Pienimuotoisesta toiminnasta huolehti kaupungin pastori apunaan erityinen toimikunta. Haminan Sotilaskotiyhdistys ry. virallistettiin seuraavana vuonna.

Reserviupseerikoulun vakinaistumisen myötä yhdistykselle osoitettiin tilat rakennuksesta, jossa toimi sekä sairastupa että sotilaskodin johtajan asunto. Vuonna 1926 yhdistys muutti tilavampaan kadettikoulun hallinto- ja juhlarakennukseen, jonka Keisarinsalissa järjestettiin mm. suosittuja elokuvaesityksiä. Hallinto- ja juhlarakennuksen tilalle valmistuneessa rakennuksessa sotilaskoti toimi 1960-luvulta Sotilaskotiyhdistyksen satavuotisjuhlien kynnykselle. Sotilaskotityöllä ja maanpuolustusharrastuksella on ollut merkittävä rooli varuskunnan ja kaupungin hyvien suhteiden luomisessa. Omalta osaltaan maanpuolustustyöhön osallistui myös kaduilla ja maastossa 1930-luvun lopulle asti kaupustellut Varvara.

Upseerien koulutus siirrettiin sodan jaloista Niinisaloon vuonna 1939. Koulutusyksikkö palasi takaisin Haminaan vuonna 1948. Vuosien 1920-2017 aikana on järjestetty 250 kurssia, joilla on kouluttautunut yli 170 000 upseerioppilasta. Yksittäiseltä maavoimien reserviupseerikurssilta valmistui n. 600-700 upseerikokelasta paitsi 1940-luvun alussa ja vuosien 1960-1975 välillä, jolloin varusmiehiä oli yli tuhat kurssia kohden. Naisia on osallistunut kursseille vuosina 1996-2017 yhteensä n. 850. Vuosiin 1933-34 sattui 25. kurssi, jonka käyneistä koostuva toimikunta käynnisti kokouksessaan vuonna 1969 patsashankkeen Varvaran muistoksi. Seuraavana vuonna RUK:n 50-vuotisjuhlissa kerättiin hanketta varten pieni alkupääoma, ja hankkeen edetessä saatiin lisärahoitusta teollisuus- ja liikelaitoksilta sekä yksityisiltä lahjoittajilta.

Reserviupseerikoulun kurssi n:o 7 upseerioppilaat maastomars-
silla, 1924. Mauri T. Museovirasto. Kansatieteen kuvakokoelma.

IV - "Pullamummu" Varvara

Venäläistaustaiseen Schantinin perheeseen syntyi 10. marraskuuta 1870 tyttö. Tyttö ristittiin Varvaraksi. Varvara itse ei avioitunut, mutta hänellä oli vuonna 1904 syntynyt poika, jonka isän Varvara piti yksityisasianaan. Raamikas Mikko-poika kuoli kunnalliskodissa vuonna 1966.

Varvara tuli tunnetuksi kurssien 1-43 oppilaille vuosina 1920-39. Hän osti ystävättärensä leipomoliikkeestä pieniä ranskanleipiä ja parkkeerasi usein jo aamuhämärissä kottikärrynsä leipäkoreineen ortodoksisen kirkon kulmille, josta sotilaat aamulenkillä kävivät ostamassa tuoretta vehnästä, "känttyä", teen ja näkkileivän lisukkeeksi. Päivisin Varvaralla oli tapana liikkua maastossa, jossa sotilailla oli sotaharjoitusten lomassa mahdollisuus täydentää muonavarastojaan. Varvaralta saattoi saada myös "taktillisia" neuvoja konekiväärien tuliasemista, antennimännyistä jne., mutta ennen kaikkea hän kuunteli, tuki, ohjasi ja ojensi sekä auttoi käytännön asioissa postittamalla metsässä viipyvien poikien kirjeitä ja järjestämällä vierailulle tuleville tyttöystäville majoitusta. Upseerit seuralaisineen taas osallistuivat Varvaran kodissaan pitämiinsä juhliin, joissa tanssittiin "grammarin" tahtiin muodinmukaista tangoa ja fokstrottia.

Varvara oli tuttu näky myös öisillä kaduilla, kun hän kärryihin kiinnitetyn lyhdyn kajossa myi piiraita ja nakkeja illanvietoista koteihinsa suunnistaville. Kaupustelutapaan suhtauduttiin luontevasti vanhat kauppatavat säilyttäneessä, perinteistään kiinnipitävässä markkinapaikassa. Yksityisyritteliäisyys oli tavallista, ja mm. kaupungin ruoka- ja herkkukauppojen tason sanottiin olleen korkea. Varusmiesasiakkaat olivat Varvaran tuotteisiin ja palveluihin niin tyytyväisiä, että siviilissäkin muistivat lahjoin ja terveisin. Yksi säilyneistä lahjoista on 37. kurssin oppilaiden Varvaralle antama vieraskirja, jota säilytetään RUK-museon kokoelmissa.

Reserviupseerikoulun oppilaat limsaostoksilla Varvaran myyntikärryillä, 1924. Mauri T. Museovirasto. Kansatieteen kuvakokoelma.

V – Patsaanpaljastus

Varvara Schantin kuoli 13.3.1941. Työnteon hän lopetti toisen maailmansodan alkaessa. "Tällöin loppuivat nuoruutemme päivät", totesi toimikunnan puheenjohtaja, Tilkan sotilassairaalan ylilääkäri Wille Waris paljastustilaisuudessa pitämässään puheessa. Professori Waris jatkoi: "Varvara osoitti sellaista huolenpitoa, jota kaikki Suomen naiset kohdistivat meihin sodan ankarina päivinä." Patsaan sai kunnian paljastaa 16.9.1972 pidetyssä tilaisuudessa leipomon pitäjä Lyyli Aholainen, joka luonnehti ystävätärtään fiksuksi, ahkeraksi ja nöyräksi ihmiseksi. RUK:n puolesta puhui eversti Pentti Lehtonen, jonka mukaan 1970-luvun sotilaskoti ei ollut vain paikka, jossa tehdään edullisia ostoksia, vaan sotilaskotien ystävälliseen ilmapiiriin varusmiehet voivat mennä ennen kaikkea rentoutumaan. Puheissa ja lehtikirjoituksissa tuotiin esiin myös teoksen symbolinen arvo esimerkkinä siviiliväestön ja puolustusvoimien yhteistyöstä.

Patsaanpaljastustilaisuus oli juhlavan kepeä tapahtuma, jota oli saapunut seuraamaan runsaslukuinen yleisö, kuten polkupyörän selästä yleisön joukkoon hypännyt pieni tyttö, jota "pullamummun" tarina alkoi kiehtoa vasta vuosikymmenien päästä. Kutsuvieraiden joukossa olivat mm. kenraalit U. Leinonen, V-P. Somerkari ja O. Korhonen, RUK:n sen hetkisen johdon edustajia, kaupungin ja seurakunnan piiristä kutsuttuja, hanketta rahoittaneita, patsastoimikunta ja RUK:n entisiä upseerioppilaita. Patsastoimikunnan hankkeen edistäjän, tukkukauppias Tauno Nikkisen puoliso oli sonnustautunut Varvaraksi, jonka asun olennainen osa oli olkaimellinen laukku. Kun lehti-ilmoituksen avulla etsittiin samankaltaista rahastajanlaukkua, jollaista Varvara oli käyttänyt, löytyikin hänen jäämistönsä huutokaupasta ostettu alkuperäinen laukku. Juhlassa "Varvara" otti laukustaan patsaan laukkuun käyvän avaimen ja luovutti sen Sotainvalidien Veljesliiton Haminan-Vehkalahden paikallisosastolle. Laukku lahjoitettiin Kaupunginmuseolle. Meneillään olleen kurssin numero 140 oppilaskunta tahtoi muistaa "pullamummua" suurella, lähes metrin mittaisella ranskanleivällä ja lupasi, että Varvaralta ei "käntty tulisi loppumaan". Leivityksestä tuli perinne, jonka upseerioppilaat suorittivat usein kurssiensa päätteeksi.

Veikko Haukkavaaralle, Tauno Nikkiselle ja Wille Warikselle annettiin RUK:n mitalit. Teosta kiiteltiin sympaattiseksi hahmoksi, josta ei puuttunut huumoria ja mutkattomuutta. Entiset upseerioppilaat muistivat aistineensa paikkakuntalaisissa muutenkin samanlaista välittömyyttä. Tosin Varvaran henkilökohtaisesti nähneet antoivat kritiikkiä liian kolhosta olemuksesta.

Patsaan epätavallista tekotapaa pidettiin kuitenkin sattuvana kuvaamaan kohteena ollutta originellia persoonaa. Patsaasta toivottiin tulevan kaupungille yhtä merkittävä kohde kuin Havis Amanda on Helsingille tai Manneken Pis Brysselille. Tilaisuuden päätteeksi sotilassoittokunta soitti kappaleen "Muistoja Pohjolasta". Lisäksi päivän aikana pidettiin Varvaran muistoksi messu ortodoksisessa kirkossa, ja patsastoimikunta vei omasta ja kurssien 1-43 puolesta Varvaran haudalle kukkatervehdyksen.

Varvara, 1972. Veikko Haukkavaara.
L. Pikkarainen, 2023.

VI - Teos ja tekijä

Kuvanveistäjä Haukkavaaran muotoilema patsas kuvaa naista, joka vartalo kiertyneenä ojentaa oikealla kädellä leipää upseerikoulun päärakennuksen suuntaan. Vasen käsi laittaa lantteja olkapäältä ristiin roikkuvaan laukkuun, jossa lukee: "Laittaen lanttisi laukkuun tuet sotainvalideja." Ajan tavan mukaan pukeutunut myssypäinen nainen hymyilee. Kottikärryihin on asetettu kaksi punottua koria terässämpylöineen. Teos on kiinnitetty noin kolme metriä leveän ja puoli metriä korkean kivenlohkareen päälle, jossa on laatta: "RUK 1. – 43. KURSSIEN VARVARA". Patsaan vieressä on erillinen taulu, johon on painettu lyhyt kuvaus Varvaran työstä, maininta hankkeen toteuttajasta ja tekijästä, sekä kehotus muistamaan Suomen sotainvalideja.

Noin kaksi metriä korkean figuurin yläosa on tehty erilevyisistä teräsliuskoista, jotka on sieltä täältä hitsattu yhteen, alaosa on muotoiltu yhtenäisemmistä paloista. Taiteilija onnistuu omintakeisella tekotavallaan saamaan kovan materiaalin vaikuttamaan jopa notkealta. Tekotavan jälki sekä teoksen taidokkaasti tehdyt osat ruokkivat myös mielikuvia ajasta, johon Varvaran patsas viittaa. Patsas sulautuu muotonsa ja materiaaliensa puolesta hyvin ympäristöönsä. Patsaasta tehty pienoismalli lahjoitettiin Helsingissä toimineeseen Tilkan sotilassairaalaan. Haukkavaaran ilmaisutyyli vetosi haminalaisiin, joten vuonna 1975 paljastettiin taiteilijalta tilattu toinen teos, "Lastaajat".

Veikko Haukkavaara (1921-2004) oli itseoppinut tamperelainen taiteilija, joka ennen kuvanveistäjäksi ryhtymistään toimi lentokoneasentajana. Hän työskenteli Valtion lentokonetehtaalla ja korjasi lentokoneiden moottoreita talvisodan ajan. Jatkosotaan Veikko Haukkavaara osallistui vuosina 1941-44. Vuosina 1948-1970 hän piirsi poliittisia pilakuvia nimimerkillä "Hvaara". Haukkavaaralla on ollut tapana yhdistellä teoksissaan ja teoksiinsa eri materiaaleja niin kuin puuta, rautaa, terästä ja kiveä. Taiteilijan rouheista töistä välittyvät maanläheisyys ja realistisen tärkeilemätön asenne.

VII – Lopuksi

Varvara ansaitsi kiitoksen Suomen puolustusvoimiin liittyvän rauhanaikana tekemänsä työnsä vuoksi. Henkilöhistoriaa pohdittaessa on helppo kuvitella hänen omanneen sisua ja vahvan omanarvontunnon selviytyäkseen aikansa yhteiskunnassa. Varvara ahkeroi elinkeinollaan taloudellisen riippumattomuuden ja sieti mahdolliset ympäristön paineet. Viime vuosisatojen ankarat olot ja sodat olivat jättäneet ihmisiin jälkensä. Varvara ei ollut poikkeuksellinen sitkeydessään ja työteliäisyydessään, mutta hän toimi päättäväisesti omalla tavallaan varusmiesten hyvinvoinnin puolesta, joten ei ole epäilystäkään, etteikö Varvara seisoisi arvoisellaan paikalla aseistariisuva hymy huulillaan.

Varvara, 1972. Veikko Haukkavaara. Hamina. L. Pikkarainen, 2017.

Lähteet

Eteenpäin, Etelä-Suomi ja Kymensanomat ajalta 3.9.1972 - 19.9.1972.
Halila, A., 1969. Haminan historia III - 1900-luvun alusta lähtien. (362-367)
Pikkarainen, L., 1999. Paikallisten asukkaiden haastattelut. Hamina.
Puolustuskiinteistöt Senaatti, 2023. Arkisto.
Suomen Kulttuurihistoria I - Ruotsin vallan aika, 1979. Toim. P. Tommila, A. Reitala, V. Kallio. WSOY, Porvoo.
Internet:
Museoviraston kuvakokoelmat, 2017. Finna.
Puolustusvoimat, 2017. maavoimat.fi
Sturmgeschütz, 2017. Wikipedia.
Vanha Suomi, 2017. Wikipedia.
Veikko Haukkavaara, 2023. veikkohaukkavaara.info